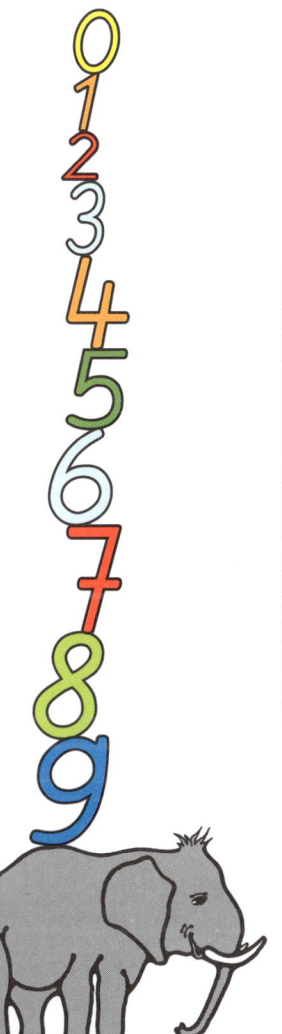

ZIFFERNTRAINER

von

1

· | 1 |

Raufflitzen, runterflitzen, alle machen Nashornspitzen.

3

2

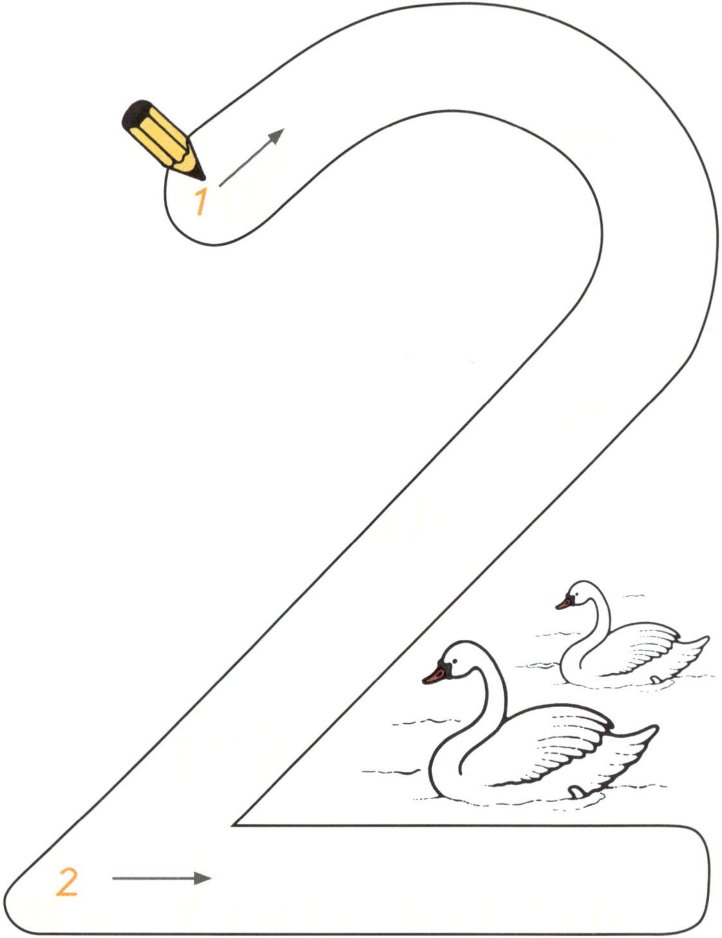

Schräger Hals, grader Bauch, das hat ein Schwan, die 2 hat's auch.

5

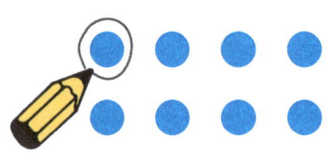

3

|||

1

2

Oben Kopf, unten Bauch, halber Schneemann, kann ich auch.

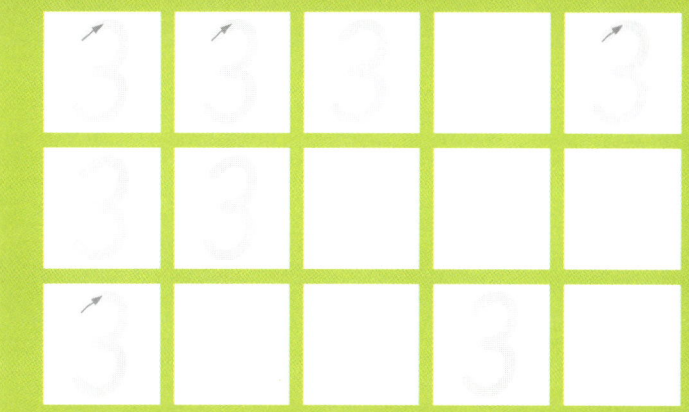

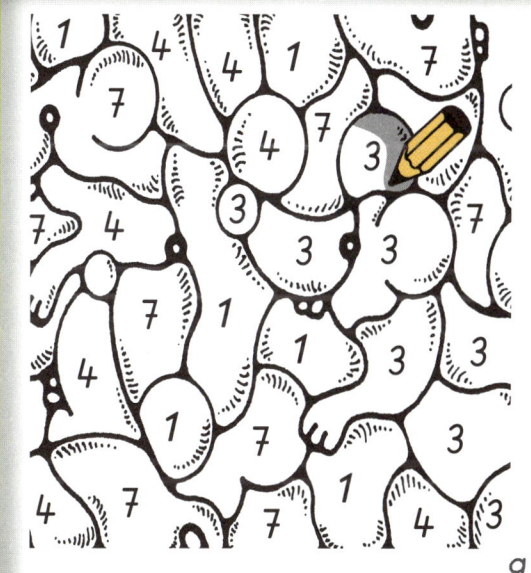

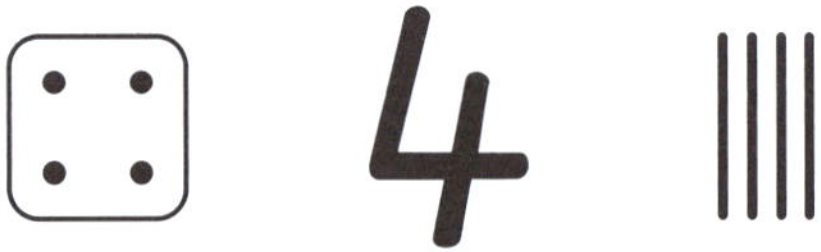

4

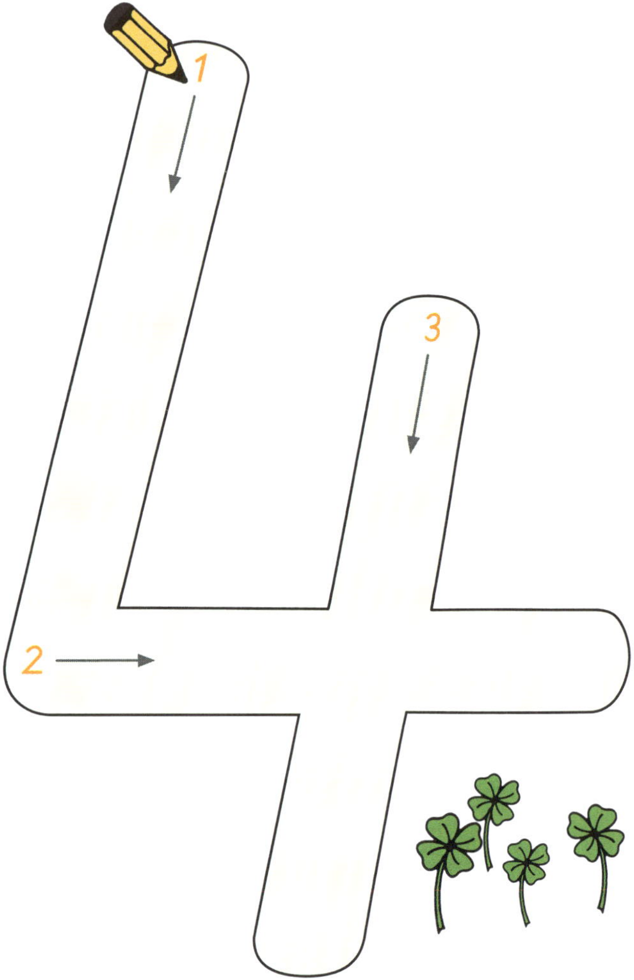

Runter, rechts, ein Kreuz gemacht, die 4 ist leichter als gedacht.

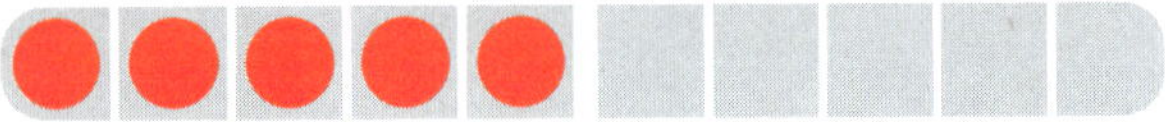

5

Strich, Nase, dann der Hut, Fünfen schreiben kann ich gut.

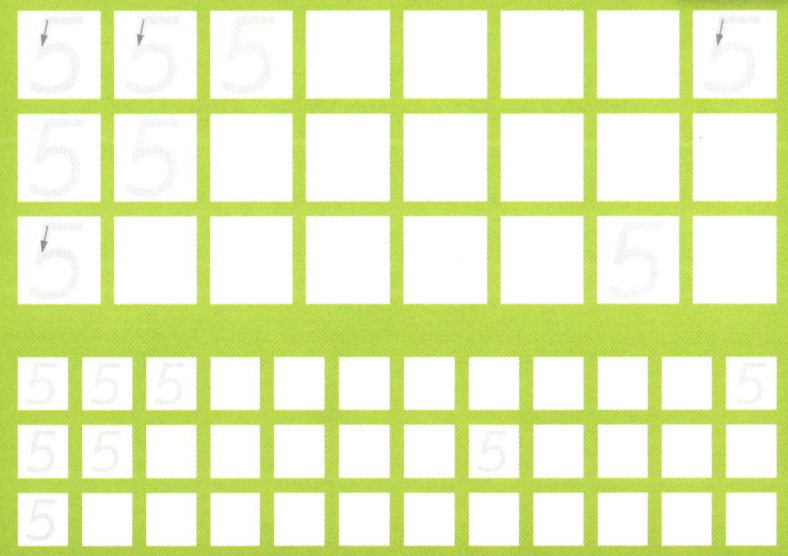

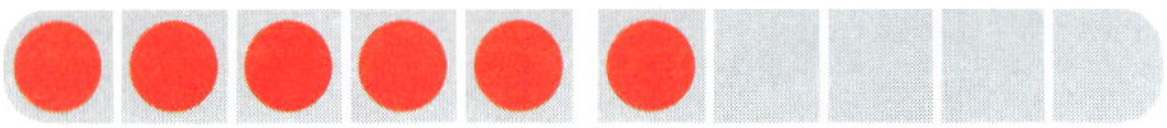

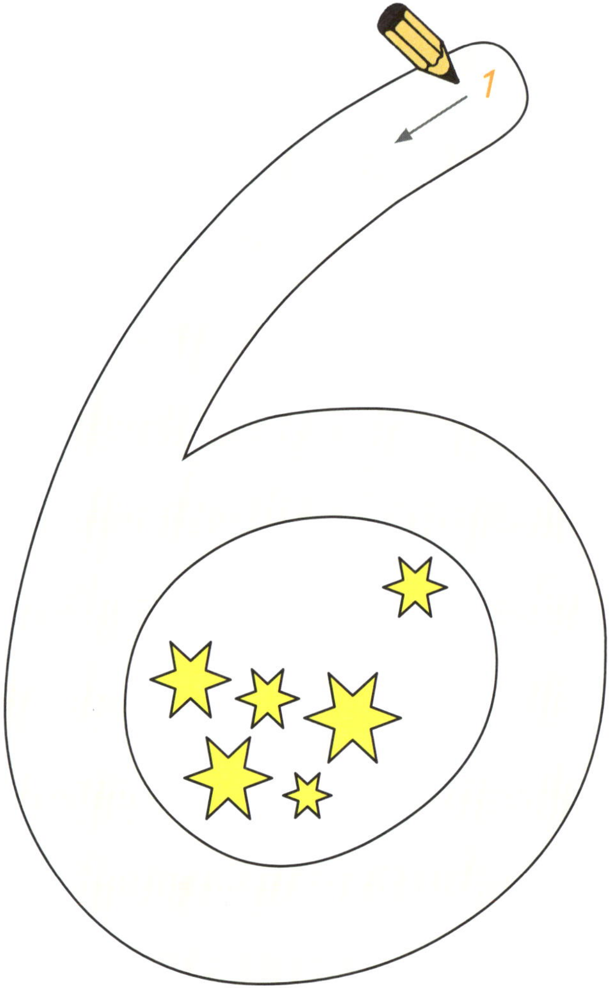

6

6

Bogen runter, Kreis dazu, so schreibe ich die 6 im Nu.

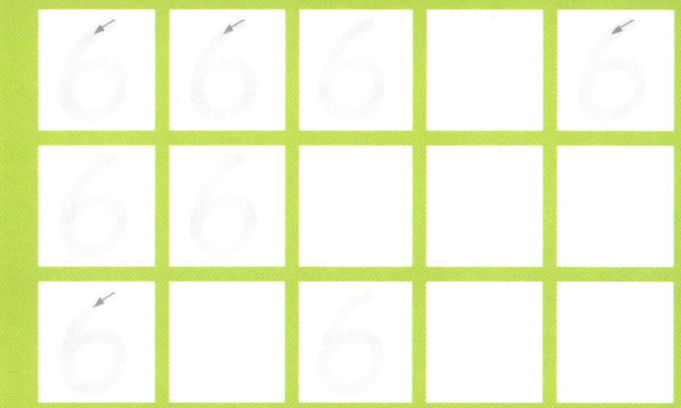

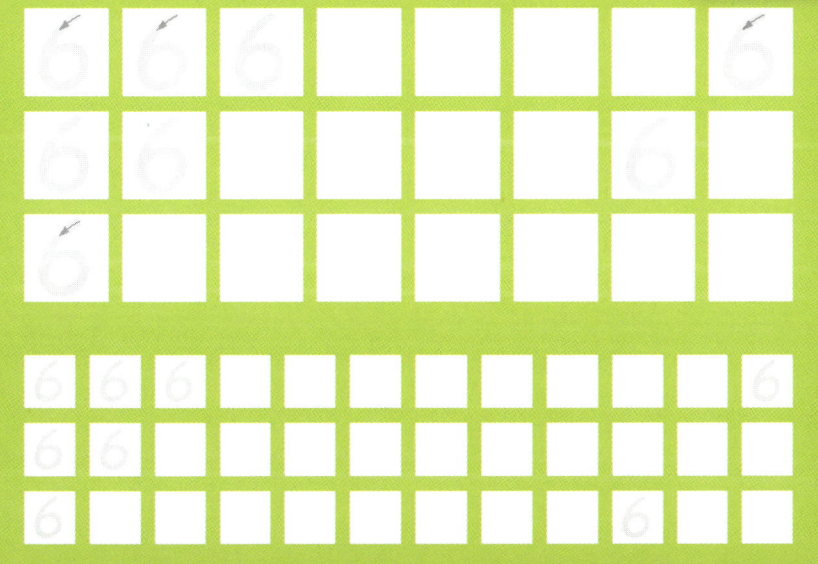

17

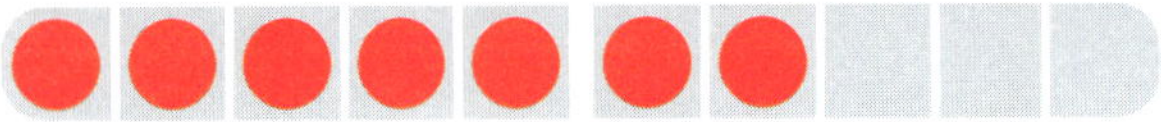

7

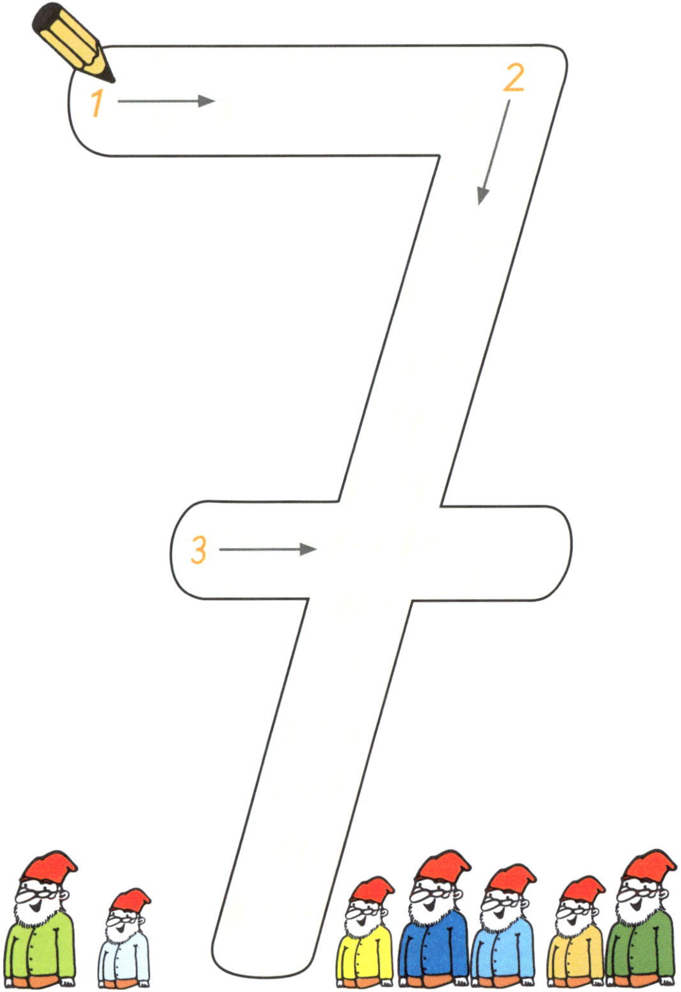

7 卌I

Gerade, schräg und einer quer, die sieben Zwerge mag ich sehr.

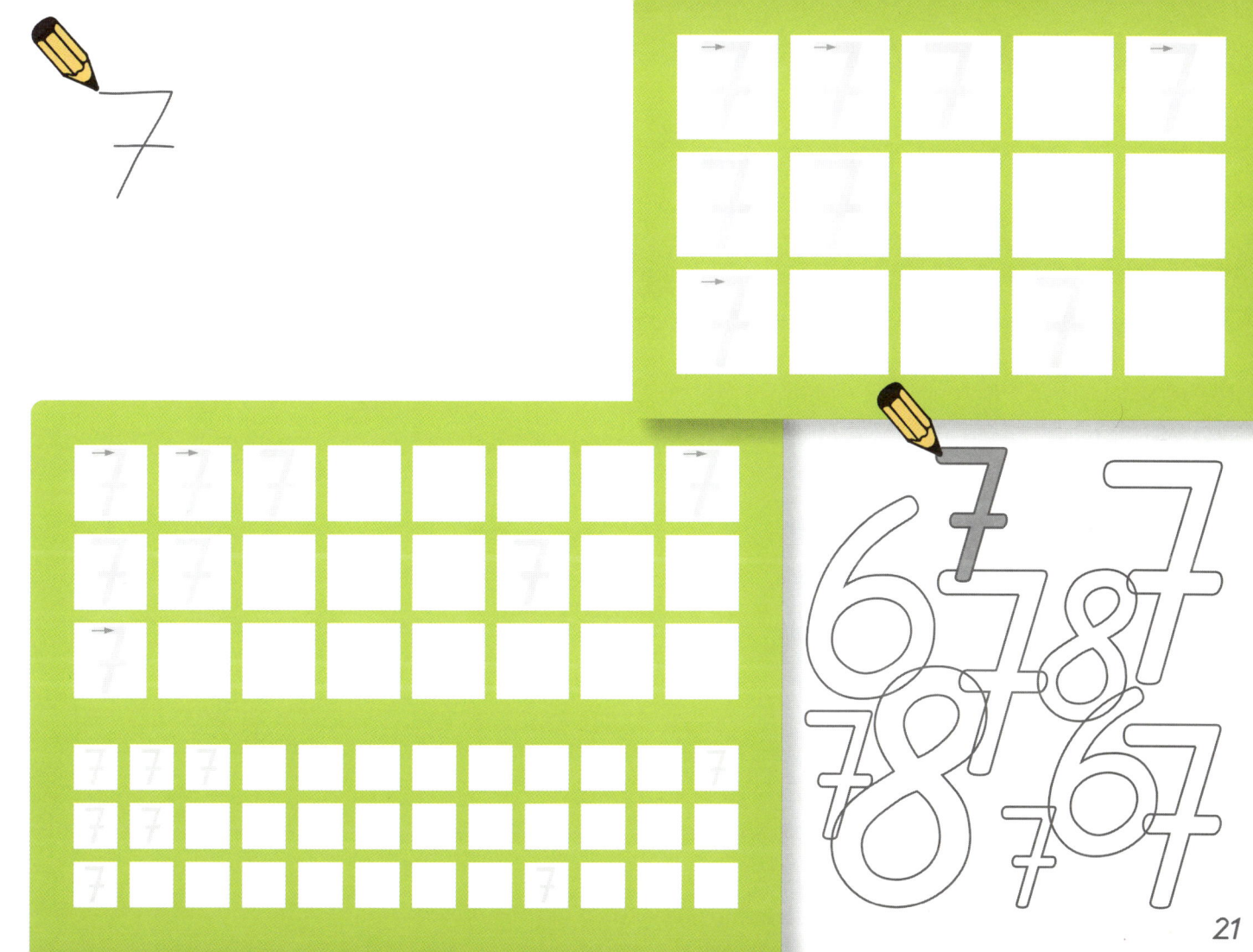

21

8 ||||| |||

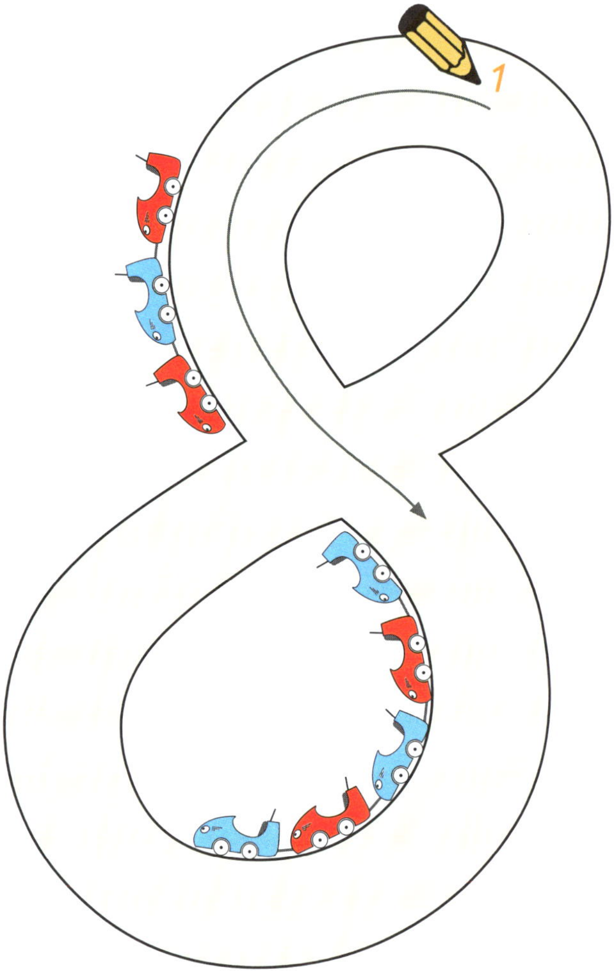

Kurven, Kreuzung, Affenzahn, wir fahren mit der Achterbahn.

23

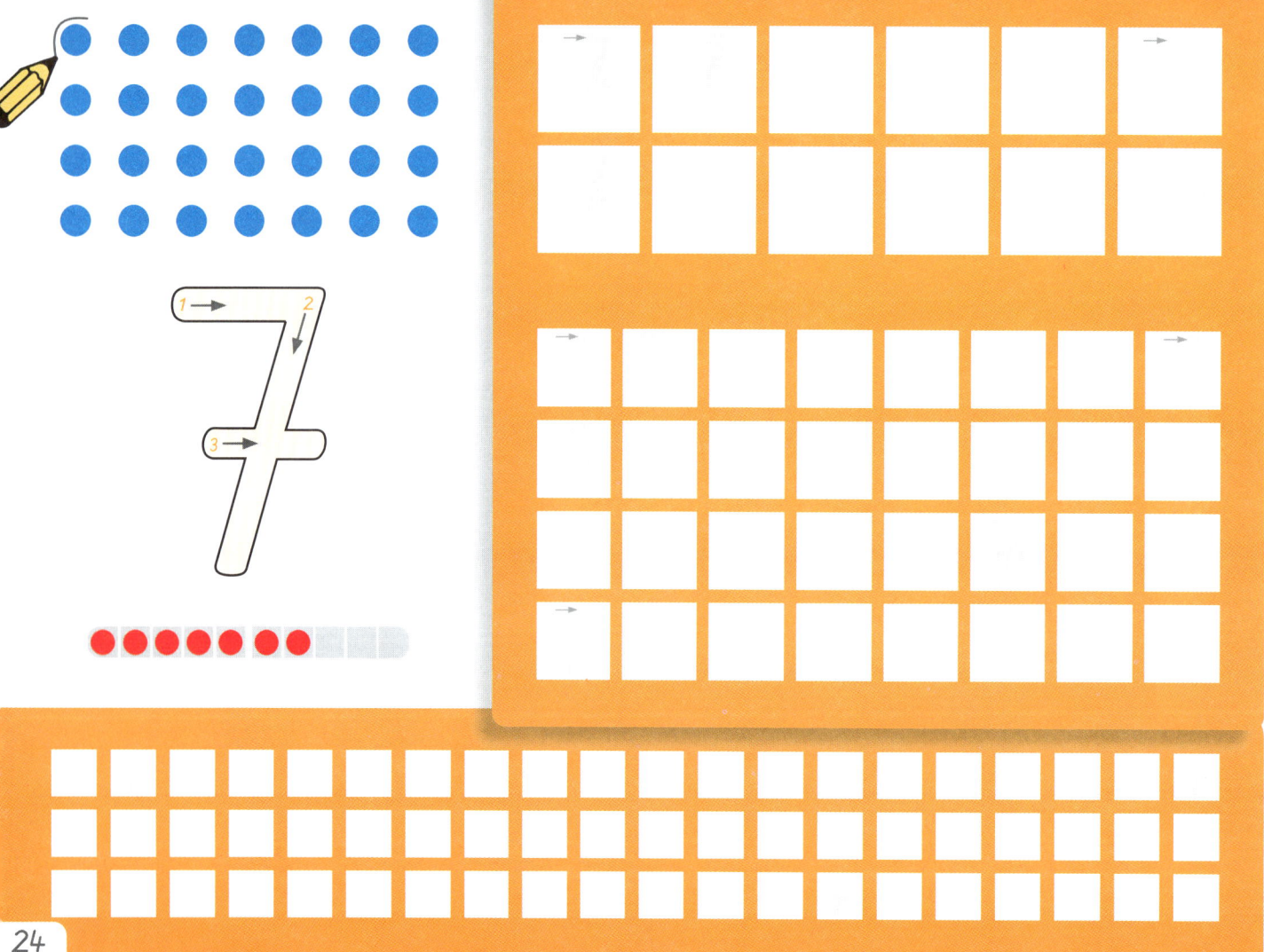

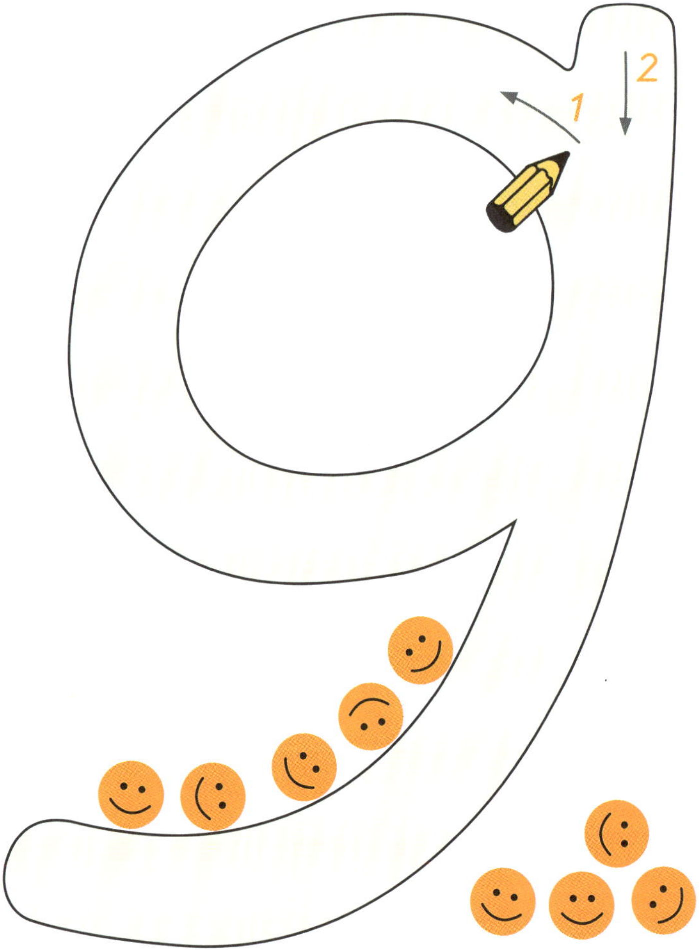

9

Erst ein Kreis und dann hinunter, so lacht die *9* ganz froh und munter.

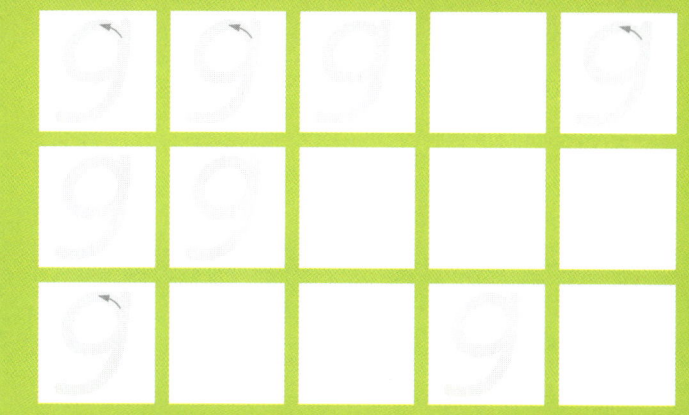

0

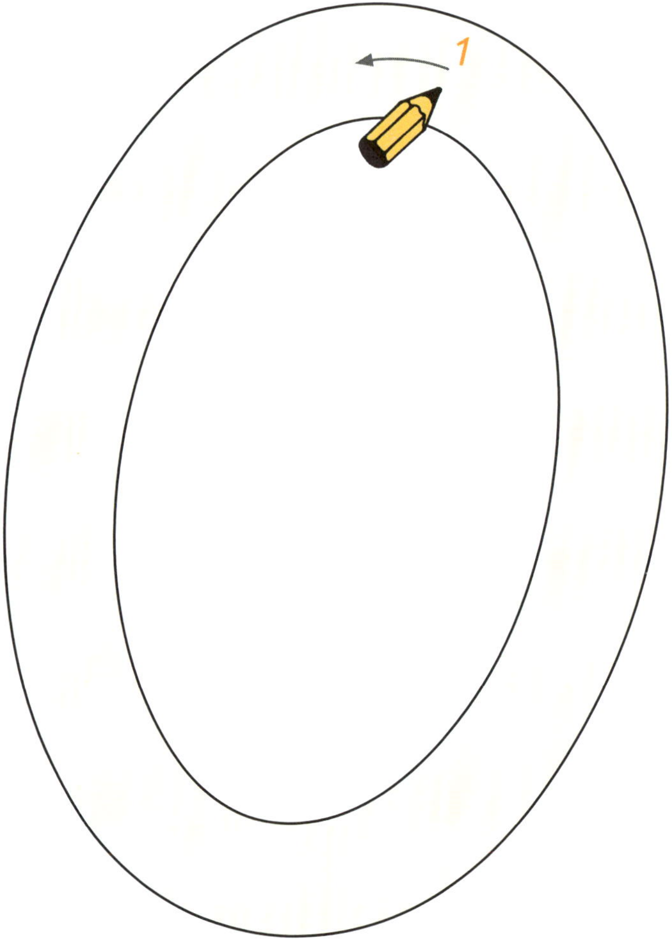

Von oben wie ein schiefes Ei schreib ich die 0 und nicht die 2.

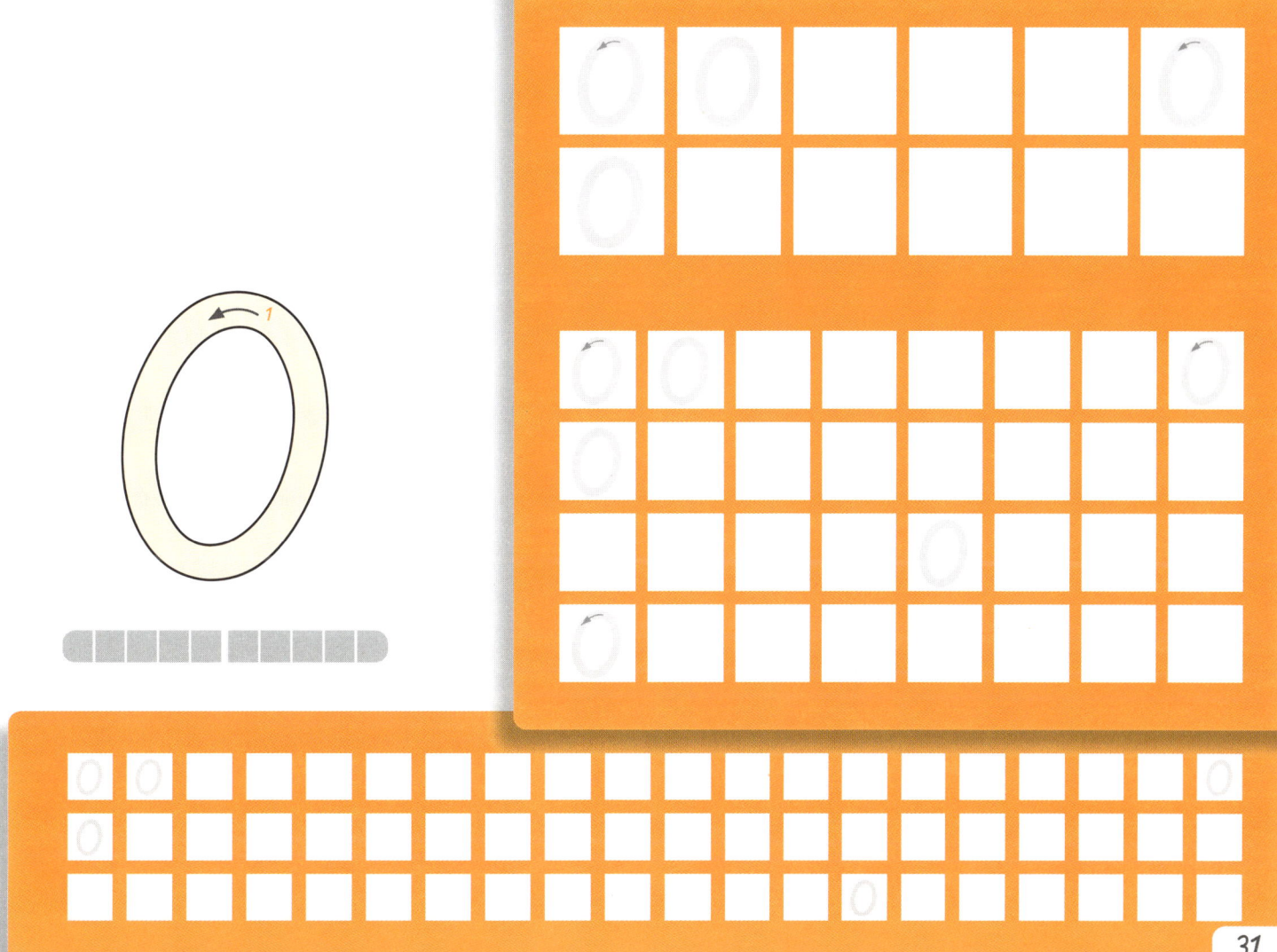